Elvira Grudzielski

Das kleine Lavendelbuch

Rhino Westentaschen-Bibliothek
Band 87

Elvira Grudzielski

Das kleine
Lavendelbuch

Fotos: Elvira Grudzielski, außer Seite 6/7: Christiana Liebmann; Seite 10/11: Michael Wittwer (CC BY-SA 4.0); Seite 15: Diego Delso (CC BY-SA 4.0); Seite 21, 37: Sirko Grudzielski; Seite 27: Franz Eugen Köhler (gemeinfrei); Seite 30: Ji-Elle (CC BY-SA 3.0); Seite 35: Manfred Werner-Tsui (CC BY-SA 3.0) Seite 42: Timo Klostermeier / pixelio.de

Impressum

© 2021 Rhino Verlag Dr. Lutz Gebhardt & Söhne GmbH & Co. KG
Am Hang 27, 98693 Ilmenau
Tel.: 03677 / 46628-0, Fax: 03677 / 46628-80
www.RhinoVerlag.de

Titelbild:	Jessivanova (Fotolia)
Layout, Satz:	Sibylle Senftleben, **Verlag *grünes herz*®**
Schrift:	Garamond
Titelgestaltung:	Jana Rogge, Weimar

1. Auflage 2021
ISBN 978-3-95560-087-7

Inhaltsverzeichnis

Vorwort

Lavendel ist eine ganz spezielle und besondere Pflanze, die mit Recht 2020 als Arzneipflanze und 2008 zur Heilpflanze des Jahres gekürt wurde. Bei Lavendel denkt jeder unweigerlich an einen ausgefallenen, intensiven und sehr aromatischen Duft. Oder an die schönen Naturfarben blau, lilarötlich bis violett, aber auch weiß und rosa. Alle Sinne werden sofort beflügelt. Sehnsüchte und Träume an warme Mittelmeer-Urlaubsregionen, wo der immergrüne Lavendel wild an felsigen Steinhängen wächst, lassen das Herz höherschlagen. Oder

man sieht in Gedanken die ausgedehnten, blühenden Lavendelflächen der Provence mit ihrem riesigen, kultivierten bläulich/violett schimmernden Blütenmeer, vorwiegen mit Lavandin (Lavandula intermedia – ist eine Kreuzung zwischen dem echten Lavendel und dem Speiklavendel), der sich wie

Schwalbenschwanz an Schopflavendel

ein duftender Teppich über Teile der Landschaft ausbreitet und beim Anblick für ein angenehmes Wohlbefinden sorgt. Unweigerlich signalisiert unser Auge beim Anschauen des farbenkräftigen

Lavendels Ruhe, Entspannung und Gesundheit und wirkt gleichzeitig wie ein Arrangement zwischen Körper, Geist und Seele. Selbst in der Liebe wurde Lavendel als Zauberpflanze verwendet, um die oder den Liebsten zu verführen und ihn über den wohlriechenden, verführerischen Duft gefügig zu machen. Lavendel gibt den Menschen das Urvertrauen in die heilende Kräfte der Natur seit Jahr Tausenden und gleichzeitig symbolisiert die „blaue Blume", wie der Lavendel in der Zeit der Romantik genannt wurde, Gesundheit, Sinnlichkeit und absolut Lebensfreude. Auch sei noch erwähnt das nicht nur wir Menschen den Lavendel zu schätzen wissen, denn er bietet über einige Monate Schmetterlingen, Hummeln, Wildbienen und Honigbienen eine reichliche Nahrungsquelle. Im Gegenzug bestäuben die kleinen, unermüdlichen Arbeiter jede einzelne Blüte die sie finden und beschenken die Menschen über tausende von Jahren mit schmackhaften und gesunden Honig als ihren wertvollsten selbst produzierten Naturschatz.

Lavendel Rosen

Europäische Geschichte
des Lavendels

Der Name Lavendel ist vom lateinischen lavare = waschen abgeleitet und wahrscheinlich den Römern zu verdanken, denn sie liebten es, in Wasser mit Lavendelöl und Zugabe von Lavendelessenzen zu baden und ihre Wäsche mit einen angenehmen Lavendelduft zu versehen. Auch waren sie es, die Lavendel wissenschaftlich erforschten und die spezielle Wirkung bei Anwendungen belegten. So schrieb Plinius der Ältere (24–79 n. Chr.) in seiner großen Naturgeschichte: „Das Kraut lindert den Trauerschmerz der Hinterbliebenen." Ferner berichtet er: „Lavendel ist auch bei Menstruationsschmerzen, Magenschmerzen, Nierenleiden, Gelbsucht und Insektenstichen gut einsetzbar." Durch die starke desinfizierende und antibakterielle Wirkung des Lavendels fand das ätherische Öl ebenfalls seinen Weg zur Behandlung von Wunddesinfektionen einst bei den römischen und französischen Soldaten, aber ebenso im Ersten Weltkrieg. Bereits in den Schriften der Bibel hinterlässt Lavendel seine Spuren. Zum Beispiel in der Salbung in Betanien (im Johannesevangelium, Kapitel 12, Vers 2–3 oder im Markusevangelium, Kapitel 14, Vers 3), ist die Rede vom Speik (Lavandula spica), der als duftendes Salböl dient, mit dem Maria Magdalena damit die Füße und ein anderes Mal das Haupt Jesu einsalbte. Bis heute wird das Magdalenenöl seit dem Mittelalter verkauft und als besagtes Nardenöl (Speiköl) im Handel angeboten. Dennoch waren es die alten Ägypter die nachweislich lange vor den Römern Lavendel als Heilpflanzen zu nutzen wussten. Ihre Krankenzimmer wurden mit getrockneten Lavendel durch Räucherungen desinfiziert und bei Feiern oder in religiösen Zeremonien sorgten die Duftkräuter für eine Verbesserung der Raumluft. Ebenso mumifizierten sie auch ihre Toten mit Leinentüchern, die in frischem Lavendelöl getränkt waren. Selbst nach 3.000 Jahren war bei der Öffnung des Grabes von Tutenchamun ein Lavendelduft wahrnehmbar. Paracelsus (1493–1541), der Schweizer Arzt und Naturforscher, lobt in seinem „Kreutterbuch" die Lavendelblüten als bewährtes Nervinum. Sein großes Wissen gab er in über 500 Schriften weiter. Von ihm stammt auch der Satz: „Alle Ding' sind

Gift und nichts ohn' Gift; allein die Dosis macht, das ein Ding' kein Gift ist." In seiner Schrift „Materia Medica" erwähnt der griechische Arzt Diskursives Pedaniusim, der im 1. Jahrhundert nach Christus lebte, den Lavendel (Lavandula stoechas) als gutes Mittel gegen Brustleiden und als Antidot (Gegengift). Weiter beschreibt er unter anderem die Herstellung von Lavendelwein und Lavendelessig, welche Schleim lösen, Blähungen beseitigen und sogar gegen Epilepsie helfen sollen. Er gilt als Pionier der Pharmakologie. Letztendlich waren es die Benediktinermönche, die im Hochmittelalter den Lavendel aus Italien über die Alpen brachten und in den Klostergärten kultivierten, bis er den Weg in die Schloss- und- Bauerngärten fand. Genau wie die Universalgelehrte und Benediktinerin Hildegard von Bingen (1098–1179), die über den Lavendel in ihrer naturkundlichen Schrift „Physica" schreibt: „Der echte Lavendel ist warm und trocken, weil er wenig Saft hat. Und er nützt dem Menschen nichts zum Essen, hat aber doch einen starken Duft. Und wenn ein Mensch, der viele Läuse hat, oft am Lavendel riecht, sterben die Läuse an ihm. Und sein Duft macht die Augen klar,

weil er die Kraft sehr starker und auch die Nütz-
lichkeit sehr bitterer Spezereien in sich hat, und
daher fesselt er viele üble Dinge."

---

*Das „Große Bad" in den Römischen Bädern
in Caerleon, England*

Geschichte des Lavendelanbaus in Deutschland

Die größte professionelle Nutzung des „Echten Lavendel" in Deutschland entwickelte sich seit dem 18. Jahrhundert. Hier wurde in der Nachbarschaft von Bingen, speziell in Laubenheim, von 1800 bis 1840 Lavendel gewerbsmäßig angebaut. Bis heute trägt die ehemalige, bergige Anbaufläche als Zeitzeuge den Namen „Lavendelberg". Dem wirtschaftlichen Aufschwung geschuldet wurden später die Wurzelstöcke des Lavendels als

Lavendelfeld Bad Blankenburg

Brennholz verwendet, um Platz für die Neupflanzung von Rebstöcken und somit den Grundstein für den Weinanbau zu legen. Dagegen profitierte die Stadt Bad Kreuznach bis heute mit ihren Mineralquellen, Kur- und Gesundheitseinrichtungen vom Lavendel, der seit dem 18. Jahrhundert für diverse Anwendungen genutzt wurde und der Stadt den Beinamen „Bad", gleich Kurort oder Heilbad, einbrachte.

Auch in Thüringen gab es Regionen – aufgrund der entsprechenden Böden und dank des milderen Klimas, denn je kälter die Gegend, desto geruchloser der Lavendel – wie im Umkreis von Jena, Rudolstadt (am Schlossberg) und Bad Blankenburg, in denen seit dem 18. Jahrhundert der Lavendelanbau kurzzeitig eine größere wirtschaftliche Rolle spielte. Die älteste Erwähnung findet sich hier in einen Inventarverzeichnis über die Pflanzenbestände des Schlossgartens zu Arnstadt aus dem Jahre 1640. In diesem Verzeichnis, das Graf Christian Günther II. (1616–1666 von Schwarzburg-Sondershausen zu Arnstadt kurz vor seinem Tod anfertigen ließ, wird neben einer ganzen Reihe von Zier- und Heilpflanzen auch Lavandula officinalis

genannt. Zahlreiche Kloster- und Schlossgärten in Deutschland pflanzten in Laufe der Zeit Lavendel als Heil- oder als Gewürzpflanze mit an. Ähnlich wie in Bad Kreuznach gab es in Bad Blankenburg eine Badeanstalt und Sanatorien mit Wasserkuren und noch heute sprudelt die „Antonius Heilquelle" mit ihrem wertvollen Natriumcalciumchlorid haltigen Mineralwasser aus der Erde. Um die gesundbringende Lavendeltradition nicht in Vergessenheit geraten zu lassen, werden in manchen Regionen jährlich Lavendelfeste veranstaltet, wie zum Beispiel in Bad Blankenburg Jedes Jahr aufs Neue wird dort eine Lavendelkönigin gekürt.

Lavendelsorten

Bis heute gibt es ca. 28 verschiedene Lavendelarten mit zahlreichen Untergruppen. Der Spitzenreiter in Mitteleuropa ist hauptsächlich der „Echte Lavendel". Die inzwischen auch kultivierte Pflanze kann in jedem Garten überwintern und benötigt keine besondere Pflege. Alle anderen Sorten seiner Lavendel-Artgenossen wachsen vorwiegend im südlichen Europa. Obwohl Lavendel schon lan-

Lavendel mit Hummel

ge wissenschaftlich erforscht wird, sind bis heute ca. 2.000 Inhaltsstoffe mit ihren umfassenden Wirkungszusammenhängen noch nicht ausreichend dokumentiert oder nachgewiesen. Jedoch sind alle Lavendelarten mit ihren bekannten Inhaltsstoffen und ihrem ganz speziellen, bis jetzt erforschten Wirkungsspektrum sowie deren Anwendungsbereiche unverzichtbare Naturschätze aus dem großen Pflanzenangebot von Mutter Erde.

Die vier bekanntesten Lavendelarten sind:

- **Echter Lavendel** Lavandula angustifolia
- **Speiklavendel** Lavandula latifolia
- **Schopflavendel** Lavandula stoechas
- **Wolllavendel** Lavandula lanata

Echter Lavendel (Lavandula angustifolia)

Dieser Art sagt man nach, sie sei die absolute Königin unter allen Lavendelarten. Landläufig wird die Pflanze auch als Nervenkraut, Schwindelkraut, Lavander, Balsam oder Hirnkraut bezeichnet. Der Echte Lavendel enthält ätherisches Öl, Cineol, Cumarin, Lavanulo, Kampfer, Harz, Nerol, Gerbstoffe und Flavonoide. Lavendel wirkt antiseptisch, desinfizierend, krampflösend, harntreibend, lindert Kopfschmerzen, Migräne, Bluthochdruck, Asthma, Husten, stärkt das Herz und die Nerven, lindert rheumatische Schmerzen, Unterstützt die Heilung bei Wund- oder Gürtelrose, heilt entzündete Wunden und eignet sich hervorragend zur Hautpflege. Der wildwachsende Lavendel wächst bis in einer Höhenlage zwischen 1.000 und

2.000 Meter und wird ausschließlich per Hand geerntet. Zudem hat der Echte Lavendel nur einen geringen Ölgehalt. Je höher der Lavendel in den Bergen oder Plateaus geerntet wird, desto besser wird die Qualität seiner Inhaltsstoffe. All diese Gegebenheiten machen das Lavendelöl, das vom Echten Lavendel gewonnen wird, im Handel so teuer. Das Öl des Echten Lavendel wirkt äußerlich sehr positiv und beruhigend auf das zentrale Nervensystem, schützt die Nerven vor starken Reizüberflutungen, gibt Gelassenheit bei Stressmomenten, wirkt insgesamt entspannend auf Körper, Geist und Seele, wirkt stimmungsaufhellend und ist ein großer Helfer bei Schlaflosigkeit. Bei Anwendungen mit Lavendelöl muss die Dosierung stimmen (nur wenige Tropfen), dazu wird empfohlen bei Lavendelanwendungen immer einen Arzt zu konsultieren.

Gesammelt und getrocknet
werden Blüten und Blätter
Verwendung vorwiegend :
Blüten und Blätter sind am aromatischsten und werden gern zum Würzen verwendet. Ferner fin-

den Sie Verwendung im Kleiderschrank als Lavendelduftsäckchen (z. B. gegen Motten) und damit die Wäsche gut duftet.

Für Speisen: Blüten und Blätter, auch als Tee, Gewürz und Dekoration

Gesundheit: wirkt beruhigend, schlaffördernd und nervenstärkend. Hilft bei Problemen mit Psyche und Haut. Kann als Lavendelöl oder als entspannender Badezusatz sowie auf Duftsteinen oder in Duftlampen mit Wasser bei mäßiger Hitze angewendet werden. (Wassertemperatur ca. 50–60 °C, bei höheren Temperaturen werden wichtige Wirkstoffe zerstört).

Garten: wirksam gegen Parasiten, z. B. Läuse

Echter Lavendel

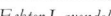

27

W.Müller n.d.Nat

Speiklavendel (Lavandula latifolia)

Diese besonders schnell wachsende Lavendelart wird auch als großer Speik, großer Lavendel, breitblättriger Lavendel, Gewürzlavendel und Spanischer Lavendel bezeichnet. Er wächst nur bis ca. 900 Höhenmeter und entwickelt sich am besten unterhalb von 600 Höhenmetern. Dagegen kann sein Pflanzenwuchs bis zu einem Meter hoch werden. Somit zählt der Speik zu den größten Lavendelsträuchern unter den Lavendelarten. Sein starker Duft ist viel investiver, kräftiger und herber ausgeprägt als bei seinen Artgenossen. Vom Speiklavendel lässt sich auch am meisten ätherisches Öl gewinnen. Durch sein sehr charakteristisches Öl findet der Speiklavendel ein breites Anwendungsspektrum. Es wirkt besonders stark antibakteriell, weswegen es in vergangenen Zeiten vielfach zur Behandlung von bakteriellen Krankheiten wie Tuberkulose verwendet wurde. Das wirkungsvolle Potenzial des Speiks entdeckte auch die Kosmetikindustrie (z. B. Speikseife) mit tausenden von Lavendelprodukten für sich. Ebenso wird der Lavendel als ein besonders herbes, sehr nach Kampfer riechendes Gewürz in der Küche verwendet – Achtung gewöhnungsbedürftig und nur in winzigen Mengen empfohlen – aber der Speik wird auch als aromatischer Gesundheitstee geschätzt. Das Speiklavendelöl wirkt genau wie das Öl vom Wolllavendel antimykotisch gegen Pilzerreger z. B. Nagelpilz. Das Speiköl in Duftlampen verwendet verbessert und harmonisiert die Raumluft und vertreibt durch sein stark riechendes und wirkungsvolles ätherisches Öl Insekten und Parasiten in der Wohnung und Schädlinge im Garten. Man sollte stets darauf achten, dass immer sehr wenige Tropfen von Lavendel verwendet werden, damit es nicht zu Überdosierung kommt. Diese können das Gegenteil bewirken und zu gesundheitlichen Schädigungen durch Überreizungen führen.

Gesammelt und getrocknet werden

Blüten und Blätter

Verwendung vorwiegend: in Duftsäckchen, Schlafkissen, Duftlampen, als Lavendelöl für innere und äußerliche Anwendungen, Gewürz und Tee

Für Speisen: zum Würzen in winzigen Mengen bei Fisch, Fleisch und in Kräuterbutter

Gesundheit: wirkt beruhigend, schlaffördernd und nervenstärkend
Garten: wirkt gegen Parasiten, z. B. Läuse, benötigt trockene sonnige Hänge

Speiklavendel

Schopflavendel (Lavandula stoechas)

Der Schopflavendel gilt als die schönste Pflanze unter den Lavendelarten. Er hat sehr große lilafarbige Blütenrispen, die einem kleinen Haarschopf ähneln. Sicher hat der Schopflavendel diesem Bild seinen Namen zu verdanken. Mit einem sehr süßlich und nach Zimt riechenden Kampferaroma verführt und umschmeichelt er unsere Nase. Vorzugsweise wächst der immergrüne Strauch in den Mittelmeerregionen und kann bis ca. 80 cm hoch werden. Da die mediterrane Pflanze viel Sonne und Wärme braucht und keinen Frost verträgt, pflanzt man den Lavendel im nördlichen Europa zum Überwintern in Kübelgefäße, die dann in frostfreie Räumlichkeiten gestellt werden können. In der Heilkunde wird das Schopflavendelöl, ähnlich wie beim Speiklavendel, wegen seiner hohen antibakteriellen und desinfizierenden Wirkung verwendet, aber auch gerne mit anderen Lavendelarten gemischt. Besonders ausgiebig wird die hübsche Heilpflanze bei Aromatherapien angewendet oder bei Menschen mit Hautproblemen (Ekzemen, Hautentzündungen, Pilzkrankheiten) äußerlich als

Körperöl. Auch im Bereich von HNO-Erkrankungen greift man oft zum Schopflavendelöl z. B. als Inhalation über Duftlampen oder Duftsäckchen.

Gesammelt und getrocknet werden
Blätter und Blüten.

Verwendung vorwiegend: als Lavendelöl für innere und äußerliche Anwendungen, in Duftsäckchen, Duftlampen, Gewürz, Tee

Für Speisen: zum Würzen von Fisch und Geflügel.

Gesundheit: beruhigend, schlaffördernd, nervenstärkend, von den getrockneten **Blüten** lässt sich ein Tee zubereiten der angenehm nach Zimt und Kampfer riecht, krampflösend und nervenstärkend wirkt.

Garten: wirkt gegen Parasiten, z. B. Läuse; benötigt kalkfreien, sandigen Boden; ist nicht winterhart

Schopflavendel

Wolllavendel (*Lavandula lanata*)

Der wildwachsende Wolllavendel, wolliger Lavendel oder auch als Silberblattlavendel bezeichnet, liebt trockene Gebiete wie z. B. die Sierra Nevada (Naturpark in Südspanien). Der Wolllavendel ist ein buschiger, silbrig aussehender Strauch, der bis zu 90 cm mehr in die Breite als in die Höhe (ca. 70 cm) wächst. Besonders wohl fühlt sich die wildwachsende Lavendelart in einer Höhenlage von 1.200 bis 1.700 Höhenmeter. Der Name wird vom lateinischen Wort Lanata (Wolle tragend) abgeleitet. Seine Blätter besitzen durch besonders feine weiße Härchen einen fast wolligen weichen Überzug. Den Namen Silberblatt verdankt der Lavendel ebenfalls der silbrig, seidigen Spiegelung des Lichtes auf den hellen Haaren der Blätter. Über seine Blüten und Blätter verbreitet der Wolllavendel einen süßlichen, aromatischen Duft mit einer leichten Menthol-/Kampfnote. In seinen Eigenschaften ähnelt er dem Schopflavendel. Der Wolllavendel hat eine hohe antibakterielle, antivirale und antimykotische Wirkung. Besonders unterstützend sind seine heilenden Kräfte

Wolllavendel oder auch Silberblattlavendel

bei Atemwegserkrankungen. Außerdem wirkt sein starkes Aroma beim Desinfizieren von Räumen und hält lästige Insekten fern. Bei entzündlichen Erkrankungen im HNO-Bereich (Mittelohr- und Nasennebenhöhlenentzündungen) findet das spezielle Öl vom Wolllavendel in Kombination mit seinen Artgenossen Schopf- und Speiklavendel ein großes Anwendungsspektrum. Inzwischen gibt es die vorwiegend wildwachsende Lavendelart auch kultiviert zu kaufen.

Gesammelt und getrocknet werden
Blüten und Blätter

Verwendung vorwiegend: als Öl zur äußerlichen Anwendung auf der Haut, in der Aromatherapie, zum Inhalieren, in Duftsäckchen oder als Potpourris

Für Speisen: zum Würzen, in Kräutertees

Gesundheit: Desinfektion oder Harmonisierung von Räumen; wirkt antibakteriell, besonders antiviral, antimykotisch, reinigend; lindert Atemwegserkrankungen

Garten: zum generellen Schutz vor Insekten

Lavendelverarbeitung

Sammeln und Trocknen

Der richtige Zeitpunkt für die Lavendelernte ist äußerst wichtig. Der Lavendel muss blühen, aber noch nicht völlig ausgeblüht sein, auch wenn vereinzelte Blüten noch geschlossen sind. In diesem Stadium der Blütenernte bleiben die ätherischen Öle am besten erhalten. Um die Mittagszeit sind die ätherischen Öle am intensivsten in den Blü-

Lavendel schneiden

ten enthalten. Außerdem dürfen die Blüten nicht feucht (bei Regen oder Nebel) gesammelt werden. Getrocknet werden zum einem die abgeschnittenen Stängel mit Blüten, ca. 10 cm lang. Die einzelnen Blütenstängel werden zum Aufhängen in kleine Bündel zusammengebunden. Man hängt sie mit den Blütenköpfen nach unten und nicht zu eng nebeneinander, damit die Luft zirkulieren kann. Oder es werden nur die Blüten oder Blätter gezupft oder geschnitten zum Trocknen ausgebreitet. Das ist schwieriger, denn die einzelnen Blüten dürfen nicht zu dicht zusammenliegen, sonst schimmeln sie oder werden stark zusammengedrückt. Dadurch verlieren sie ihre wertvollen ätherischen Öle und Inhaltsstoffe. Am besten lässt sich der Lavendel an einem schattigen und luftigen Ort bei nicht zu warmen Temperaturen trocknen. Bei zu viel Wärme (über 40 °C) und in direkter Sonne würden sich die wertvollen und gesundheitsbringenden ätherischen Öle schnell verflüchtigen.

Gartentipps:

Lavendel im Garten, pflanzt man am besten nach den Eisheiligen Mitte Mai bis August. In späteren Monaten würde es nicht mehr zu einer ausgeprägten Wurzelbildung kommen.

Lavendel ist, was den Boden betrifft sehr anspruchslos. Wichtig nur, dass die Erde nährstoffarm und sehr gut durchlässig ist, bei schweren Böden den Aushub eventuell mit etwas Sand oder Kies mischen.

Bei Lavendel in Blumenkästen, Kübel oder Terrakottatöpfen, bevor sie diese mit Erde füllen, legen sie immer einige Tonscherben oder kleine Kieselsteine auf den Boden, damit das Stauwasser abfließen kann und die Erde das Abflussloch nicht verstopft. Lavendel verträgt überhaupt keine Staunässe, auch nicht in Gartenböden.

Pflanzen Sie Lavendelstöcken in einen Abstand von 30 cm, falls sie mehrere Lavendelstöcke nebeneinandersetzen möchten.

Für den mediterranen Halbstrauch ist ein sonniger, geschützter Standort optimal, da die meisten Arten keinen Frost vertragen.

Der Rückschnitt erfolgt mit einer scharfen Gartenschere am besten im Frühjahr oder nach der Blüte im Sommer, nie im Herbst.

Ältere Pflanzen werden in etwa nur bis zu 10 cm zurückgeschnitten, weil die unteren Zweige meist mehr verholzt sind. Ein tieferer Schnitt in die älteren verholzten Teile würde den Lavendelstrauch nur schaden und keine neuen Triebe mehr bilden lassen.

Junge Pflanzen sollten stärker, von einem Drittel bis ziemlich um die Hälfte zurückgeschnitten werden, um einen erneuten, üppigen Wuchs zu unterstützen.

Zur Lavendelernte schneidet man die Lavendelblüte mit Stielen ca. 10 cm unter der Blüte ab, bevor sich die Blüte ganz geöffnet hat.

In kleineren Bündeln wird der Lavendel sonnengeschützt zum Trocknen aufgehängt.

Lavendel überwintert im Garten und im Haus, es kommt nur auf die Sorte an.

Speiklavendel im Freien ausgepflanzt ist nur begrenzt winterhart und würde längere Tage unter -10 °C im Winter nicht vertragen. Bedingt winterhart ist der Schopflavendel, der es im Freien, an einen sehr guten Standort mit viel Glück unter-

Lavendel Mix

halb -5 °C überleben könnte. Ebenfalls ist der Wolllavendel nicht zum Überwintern geeignet. Für alle diese mediterranen Sorten wären frostfreie Räume (in Kübeln) bestens für die Wintermonate geeignet. Winterhart dagegen ist der Echte Lavendel, er schafft es problemlos bis -15 °C zu überwintern, gibt es stärkeren Frost, deckt man ihn mit Reißig oder anderen Schutzmaterialien ab.

Anwendungsgebiete für die Gesundheit

Bei Lungenbeschwerden, zum Stressabbau oder auch als Raumluftdesinfektion, wegen der luftreinigenden Wirkung, wendet man am besten das ätherische Öl von Schopf-, Speik- und Wolllavendel über Duftsteine (Verdunstung kalt) oder Duftlampen (Verdunstung heiß) an. Dabei werden immer die Öle der wildwachsenden Lavendelarten bevorzugt. Die Lavendelarten Schopf-, Speik- oder Wolllavendel haben ganz unterschiedliche, voneinander abweichende Inhaltsstoffe mit verschiedenen Wirkungsbereichen. Dadurch können diese Lavendelarten z. B. als Tee einen größeren Reiz auf den Körper auslösen und ihn mehr belasten. Dagegen ist Tee vom Echten Lavendel sehr bekömmlich. Deshalb ist es wichtig immer genau zu wissen, welche Lavendelart sich für innerliche Anwendungen eignet. Dies sollte gegebenenfalls mit einem Arzt besprochen werden.

Timo Klostermeier / pixelio.de

Anwendungs- und Wirkungs-spektrum der Lavendelpfanzen

Echter Lavendel (Lavandula angustifolia)

Wirkungsspektrum: antiseptisch, desinfizierend, krampflösend, harntreibend

Anwendungsgebiet: Innerlich und äußerlich, Kopfschmerzen, Migräne, Beruhigend, Schlafstörung, stimmungsaufhellend, Bluthochdruck, Asthma, Husten, rheumatische Schmerzen, Herz-und Nervenschmerzen, Wund- und Gürtelrose, Parasitenbefall

Verarbeitung: Öl, Badezusatz, Duftlampe (Inhalation), Gewürz, Tee

Speiklavendel (Lavandula latifolia)

Wirkungsspektrum: stark antibakteriell, antimykotisch, parasitenabwehrend

Anwendungsgebiet: Innerlich und äußerlich, Bakterielle Infektionen, Pilzerkrankungen, Schlafstörungen, Parasitenbefall

Verarbeitung: Öl, Duftlampe (Inhalation), Gewürz, Tee

Schopflavendel (Lavandula stoechas)

Wirkungsspektrum: stark antibakteriell, desinfizierend, antimykotisch, krampflösend

Anwendungsgebiet: Innerlich und äußerlich, Ekzeme, Pilzerkrankungen, Hals-Nasen-Ohren-Erkrankungen, Schlafstörungen, Beruhigend, Nervenstärkend, Krampflösend, Parasitenbefall

Verarbeitung: Öl, Duftlampe (Inhalation), Duftsäckchen, Gewürze, Tee

Wolllavendel (Lavandula lanata)

Wirkungsspektrum: stark antibakteriell, antivirale, antimykotisch, desinfizierend

Anwendungsgebiet: Innerlich und äußerlich, Atemwegserkrankungen, entzündliche Hals-Nasen-Ohren-Erkrankungen, Aromatherapie, Raumdesinfektion,

Verarbeitung: Öl, Duftlampe (Inhalation), Duftsäckchen, Potpourris, Insektenschutz, Gewürz, Tee

Um eigen angebauten Lavendel für sich richtig anzuwenden, muss jeder genau wissen, welche Lavendelart in seinem Garten gepflanzt wurde. Die

verschiedenen Lavendelarten besitzen ganz unterschiedlich stark wirkende Inhaltsstoffe mit einem sehr breiten Wirkungsspektrum.

Innerlich kann Lavendel unter anderem der Speik-, Schopf- und der echte Lavendel z. B. als Tee bei nervöser Erschöpfung, Stress, Schlafstörungen (Einschlafen), Burnout, Herzklopfen, Regelschmerzen, Venenleiden, Anspannungen/Verspannungen, Spannungskopfschmerzen, Migräne, Darminfektionen, Verstopfungen, Blähungen, Verdauungsstörungen angewendet und zum Gurgeln verwendet werden.

Äußerlich kann Lavendel z. B. der Schopf- und echter Lavendel für Einreibungen, Inhalation, Kompressen, bei Ekzemen/Akne, Bronchitis, Atemwegserkrankungen, Erkältungskrankheiten, Rheuma, Gicht, Prellungen, Kreislaufbeschwerden, Brustdrüsenentzündungen, innerlicher Unruhe und Stress als Öl bei Massagen oder als Badezusatz eingesetzt werden.

Aufguss, Öl und Duftsäckchen: Selbst herstellen

Lavendelaufguss für äußerliche Anwendung:
Eine Handvoll frischen oder getrockneten vom echten Lavendel mit 1 l heißem Wasser überbrühen, 10 Min. ziehen lassen, danach abseihen und auf Körpertemperatur abkühlen lassen. Danach kann der Aufguss zum Einreiben bei schmerzenden Stellen oder für Kompressen verwendet werden.

So ein Aufguss kann auch für Vaginalspülungen angewendet werden, wobei man die Blütenmenge halbiert. Gut geeignet dafür: Wolllavendel.

Lavendel-Badezusatz für ein Vollbad

Eine Handvoll frische oder getrocknete Blüten/ Triebe in den Fuß einer dünnen Strumpfhose oder eines Strumpfes füllen, die Enden zuknoten und fertig ist das unkomplizierte Badewassersäckchen, welches unter das einfließende, warme Wasser der Badewanne gehängt wird.

Lavendel-Entspannungsbad für Geist und Körper

1 Liter Wasser
ca. 50 g getrocknete Lavendelblüten
(auch mit frischen Blüten möglich)

Das Wasser mit den Blüten zum Kochen bringen. Ab dann ca. 10 Minuten auf kleiner Stufe köcheln lassen. Dabei den Topf abdecken, damit die ätherischen Öle nicht entweichen. Anschließend den Lavendelsud durch ein Sieb in ein anderes Gefäß umfüllen und in das eingelassene Badewasser gegeben.

Lavendel-Duftsäckchen, Lavendel-Honigbadekugel

49

Die Wassertemperatur sollte nicht höher als die Körpertemperatur betragen und zur optimalen Entspannung mindestens 20 bis 30 Minuten dauern. Wer häufig gestresst und ruhelos ist, für den ist so ein Lavendelbad am Abend ein erholsamer Ausklang. Auch Menschen mit Muskelkater, Rheuma oder körperlicher Anstrengung verschafft so ein Lavendelbad Linderung für die geplagten Knochen oder das gestresste Gemüt.

Lavendelöl

Das Lavendelöl ist eigentlich das wichtigste, aus der Lavendelpflanze gewonnene Produkt. Das hochwertigste Lavendelöl wird durch Destillation gewonnen, was für Laien sehr aufwendig herzustellen wäre. Destilliertes Lavendelöl hat generell das höchste Wirkungspotenzial für die entsprechenden Anwendungen. Die Wirkungsweise der ätherischen Öle der unterschiedlichen Lavendelarten ist unterschiedlich stark und intensiv. Alle Lavendelöle besitzen die Inhaltsstoffe Linalool, Cineol, Kampfer und Linalylazetat. Je nach Anwendungszweck werden Lavendelöle miteinander kombiniert.

Die Lavendelarten Schopf-, Speik- und Wolllavendel entwickeln besonders stark wirkende ätherische Öle und Inhaltsstoffe.

Für Lavendelöl eignen sich sehr gut folgende Lavendelarten und sind mit ihren ätherischen Ölen hervorragende Helfer.

- **Echter Lavendel (Lavandula angustifolia):**
  der richtige Freund für Entspannung und für die Haut
- **Speiklavendel (Lavandula latifolia):**
  der Feind für Bakterien
- **Schopflavendel (Lavandula stoechas):**
  vernichtet gekonnt Pilze und Keime
- **Wolllavendel (Lavandula lanata):**
  der Bekämpfer von Viren und Bakterien
- **Lavandinöl (Lavendelkreuzung):**
  sorgt für Wohlfühlmomente

Trotzdem ist es möglich **Lavendelöl selbst herzustellen**, auch wenn es nicht mit dem hochwertigen, konzentrierten und professionell hergestellten Lavendelöl vergleichbar ist.

Lavendelöl selbst hergestellt

Dazu werden frische oder getrocknete Blüten, Blätter und Stängel verwendet, die man mit den Händen leicht zerreibt und locker in ein Glas-, Keramik- oder Porzellangefäß füllt. Anschließend wird der Lavendel mit einem guten, geruchsneutralen kaltgepressten Pflanzenöl übergossen, bis der Lavendel vollständig bedeckt ist. Dann wird das Gefäß verschlossen und für mindesten vier Wochen an einem warmen Ort (keine Sonne) aufbewahrt. Es sollte alle zwei Tage leicht geschüttelt werden. Nachdem der Lavendel seine Inhaltsstoffe an das Öl abgegeben hat, wird es durch einen Filter (z. B. Kaffeefilter, sauberes Leinentuch) abgegossen und auf einzelne Flaschen abgefüllt, welche kühl und dunkel bis zu 12 Monate gelagert werden können.

Lavendel als Dekoration

Nicht nur dass Lavendel schön aussieht, wenn er in Blumensträußen oder als lilafarbiger Lavendelstrauß (auch getrocknet) die Räume schmückt, er reinigt durch seine ätherischen Öle gleichzeitig die Raumluft, wirkt positiv auf die Atemwege und hält außerdem die Insekten fern. Romantische Stoffherzen zum Aufhängen gefüllt mit Lavendel, Potpourris in Porzellan-/Keramikschalen oder Lavendelaccessoires mit schönen Details ausgeschmückt wirken ebenfalls optisch angenehm auf seine Betrachter. Ein Hingucker kann auch ein Weidenkranz sein, der dann Zuhause mit Lavendelähren (genau wie bei einem Adventskranz), umwickelt wird und zum Schluss ein schönes Schmuckband erhält, an dem der fertige, duftende Blütenkranz als Türschmuck aufgehängt werden oder auch als Tisch-/Schrankschmuck dienen kann.

Lavendelkissen zum Einschlafen

Sie enthalten vielmals außer Lavendel noch andere beruhigend wirkende Kräuter wie Melisse, Hopfen, Baldrian und Kamille. Am besten eignet sich dafür Leinen oder Baumwollstoff, in der Größe A5 (doppelt) welches von allen Seiten bis auf eine Öffnung von ca. 5 cm vernäht wird. Nach dem Nähen dreht man den Stoff auf die andere Seite sodass sich die Außennähte innen befinden (wie bei einem Kopfkissen). Nach dem man sich ebenfalls seine persönliche Kräutermischung mit der alten Maßeinheit eine „Handvoll" zusammengestellt hat

> *Beispiel 1:*
> *eine Handvoll Melisse, Hopfen, Baldrian und Lavendel*
> *zu gleichen Teilen*
> *Beispiel 2:*
> *200 g Melisse, 200 g Hopfen und 100 g Lavendel*

wird der gewünschte Kräutermix in die Öffnung gefüllt bis das Kissen schön füllig, aber nicht zu prall ist oder Beispiel 3: 60 g Lavendel auf eine Kissengröße A6 gefüllt. Zum Schluss wird die restliche Öffnung überwendlich mit kleinen Stichen zugenäht. Unters Kopfkissen gelegt, entfalten sich durch die Körperwärme die ätherischen Öle der Pflanzen, welche man einatmet und die letztendlich für einen guten, entspannenden Schlaf sorgen. Ebenfalls kann das Kissen, etwas angewärmt auch

auf schmerzende Körperstellen gelegt werden. Für reine Lavendelkissen eignet sich besonders gut der Echte Lavendel, weil seine Inhaltsstoffe sanft und mild auf den Organismus wirken. Solche Kissen sind ein Jahr haltbar, danach haben sich die ätherischen Öle der Pflanzen verflüchtigt und erzielen nicht mehr die gewünschte Wirkung.

Lavendelsäckchen selbst anfertigen

Sehr gern werden für Lavendelsäckchen/-herzen die getrockneten Blüten, Blätter und Stängel vom Echten Lavendel zur Beruhigung verarbeitet (angefertigt wie Kissen). Die Pflanzenteile müssen immer absolut trocken sein, damit kein Schimmel entstehen kann. Die Blüten duften sehr angenehm und wirken durch die ätherischen Öle beruhigend auf den gesamten Organismus.

Ebenfalls können Lavendelsäckchen im Kleiderschrank zur Abschreckung von Insekten dienen und lassen die Kleidung gut riechen. Und weil Speik-, Schopf- und Wolllavendel viel intensiver durch ihr starkes Öl duften, eignen sie sich für die Insektenabschreckung allerdings besser.

Selbstgemachte Duftsäckchen

Lavendel als Küchengewürz

Lavendelsorte und deren Geschmack/Aroma

Lavandin (Kreuzung) süßlich, leicht herb

Echter Lavendel lieblich mild, leicht bitter

Wolllavendel mild, leicht herb

Schopflavendel kampferartig, kräftig und etwas herb

Speiklavendel kampferartig, sehr kräftig, hat einen strengen Geschmack

Gesammelt und getrocknet werden: Blüten, Blätter und Teile des Stängels.

Lavendelgewürz, Rosmarin, Lorbeer, Thymian, Lavendel

Als Gewürz werden je nach Region und Land vor der Blüte hauptsächlich die Lavendelblätter geerntet und getrocknet, aber ebenso vielerorts vorwiegend nur die Blüten.

Wer sich Lavendel selbst als Gewürz zusammenstellt, sollte vielleicht auf den breitblättrigen **Speiklavendel** verzichten, denn er gibt den Speisen einen seifenähnlichen, strengen Geschmack, den man mögen muss.

Der Echte Lavendel dagegen eignet sich wegen seines milderen Charakters am besten als Küchengewürz. Die bekannteste Mischung mit Lavendel ist **„Kräuter der Provence"** mit Lorbeer, Bohnenkraut, Oregano, Salbei, Thymian, Fenchel, Rosmarin, und Lavendel. Gerne wird diese Gewürzmischung bei mediterranen Speisen oder Fleischgerichten verwendet. Ein ganz besonderes und überaus geschmacklich, anregendes und exotisches Gewürz ist **Lavendelzucker**. Er wird zum Würzen und Verfeinern von süßen Speisen anstelle von Vanille genommen. In Ländern mit mediterraner Küche, wie Frankreich, Italien, Spanien, Bulgarien und der Türkei, bildet Lavendel diese einzigartige, herzhafte Gewürzgrundlage. Mit

Lavendel werden viele Speisen verfeinert, wozu hauptsächlich die Blüten und Blätter (frische Triebe) verwendet werden. Wobei man durch das starke Lavendelaroma auf die Dosis achtgeben sollte und ebenfalls gerne in Verbindung mit Rosmarin würzt.

Gut zu wissen

Alle verarbeiteten Lavendelarten können als entsprechendes Mittel, für diverse und ganz spezielle Anwendungen in Apotheken oder Reformhäusern gekauft werden.

Bei Lavendelanwendungen ist es ratsam, vorher immer mit einem Arzt oder Apotheker über das einzelne Thema bei einer Lavendelanwendungen zu sprechen.

Die meisten weltweit gefälschten, ätherischen Öle sind Lavendelöle, deshalb sollte beim Kauf auf Herkunft und Qualität geachtet werden, auch wenn es teurer ist.

Bei allen konzentrierten ätherischen Ölen kann es bei empfindlichen Menschen zu Schleim und Hautreizungen kommen, so auch bei Lavendelöl. Deshalb sollte bei Kleinkindern auf Lavendel verzichtet werden.

Bei kleinen Kindern, Schwangeren und während der Stillzeit sollte kein Lavendel angewendet werden.

Für Teeaufgüsse mit Lavendelblüten und anderen inneren Anwendungen eignet sich besonders gut der **Echte Lavendel**. Trotzdem ist es auch hier immer gut, vorher einen Arzt über Lavendelanwendungen zu konsultieren.

Getrocknete Blüten und Blätter zur weiteren Verarbeitung müssen wegen eventueller Schimmelbildung absolut trocken sein. Ebenfalls können

Blätter und frische Teile des Stängels verwendet werden, sie haben nur einen geringeren Anteil der Inhaltsstoffe als die Blüten.

❊ Wegen dem starken ätherischen Öl der Lavendelblüten/-blätter/-stängel sollten diese trocken, lichtgeschützt, kühl, luftdicht in dunklen Glasgefäßen aufbewahrt werden (keine Kunststoffbehälter) und sind so 12 Monate haltbar. Ebenfalls können Blütenrispen auch mit Stängel und Blättern oder als kleine Sträuße in Gefrierbeuteln im Tiefkühlfach bis zu neun Monate für diverse Anwendungen konserviert werden.

Kochrezepte mit Lavendel

Lavendel-Schweinefilet

Zutaten für 4 Personen
2 Schweinefilets (Stück ca. 300 g)
20 Lavendelblüten mit etwas Stängel und Blätter (wenn nicht vorhanden gehen auch 4 EL getrocknete Blüten)
2 EL Olivenöl
3 EL Butter

100 ml Weißwein

350 ml Fleisch oder Gemüsebrühe (Instant)

1 TL Zucker

Pfeffer nach Bedarf

Salz nach Bedarf

Den Backofen auf 80 °C vorheizen (keine Umluft). Die Schweinefilets trocken abtupfen mit
Salz und Pfeffer von beiden Seiten würzen. Den
frischen Lavendel kurz unter kaltem Wasser abspülen, etwas trocken schütteln, auf zwei vorbereitete
Stücken Alufolie ausbreiten, vorher noch 5 Blätter
abzupfen und feinhacken. In einer Pfanne Oliven-

öl erhitzen, die Schweinefilets ca. 6 Minuten von beiden Seiten anbraten, anschließend die Schweinefilets auf die Alufolie legen, gut einwickeln und im Backofen ca. 1,3 Std. garen lassen.

Den restlichen Sud in der Pfanne ca. 15 Minuten vor Ende der Garzeit erneut erhitzen, mit Weißwein und Brühe ablöschen, den gehackten Lavendel unterrühren, die Butter langsam unterschlagen, mit Salz, Pfeffer und Zucker würzen und vom Herd nehmen. Die gegarten Filets in Scheiben schneiden, kurz in die Soße legen und Portionsweise auf die Teller verteilen und Lavendelsoße dazu geben. Als Beilage passen gut Pasta z. B. breite Bandnudeln, aber auch Kartoffelbeilagen.

Lavendel-Knoblauchbutter

1 Handvoll getrockneten oder frischen Lavendel
250 g Butter
1 Zehe Knoblauch
½ Zitrone (Saft)
1 Prise Salz (jodiert)
1 Prise schwarzer Pfeffer

Frische Butter warm stellen, dann in eine Schüssel geben, Lavendel kleinhacken, Knoblauchzehe schälen und ebenfalls kleinhacken oder durch Knoblauchpresse drücken. Nun alles zur Butter geben, mit Salz und Pfeffer nach Geschmack würzen und jetzt gut mit der Butter vermengen. Die aromatische Lavendel-Knoblauchbutter schmeckt fantastisch auf frischem Brot, Baguette oder als Beigabe bei Fisch- oder Fleischspeisen.

Schafskäse mit Serranoschinken

Kräftiger Schafskäse mit Serrano-Schinken, Lavendel und Basilikumhonig

Zutaten für 1 Person
1 Schafskäse
3 Scheiben Serranoschinken
10 Blätter frisches Basilikum
10 Lavendelblüten
6 Oliven (schwarz entsteint)
1 EL Honig
1 TL Chili-Öl

Den Schafskäse in drei Teile aufteilen und großflächig mit den Schinken ummanteln.

Jetzt den Schinken mit Honig bestreichen, im Chili-Öl wenden und auf einen Bogen Alufolie legen, die Oliven halbieren und auf den Schinken verteilen, dann die Alufolienkanten nach oben falten, damit keine Flüssigkeit heraustropfen kann. Anschließend alles in den Backofen geben und bei 180 °C Umluft ca. 15 Minuten grillen. Zu dem kleinen herzhaften Gericht passt als Beilage Baguette, Fladenbrot oder auch frisches Bauernbrot.

Kaninchenragout mit Lavendel

Zutaten 4 Personen
1,3 kg Kaninchenragout
4 EL Mehl
100 g Schalotten
½ TL Zucker
1 Knoblauchzehe
4 EL Lavendelblüten
2 dl Kalbsfond oder Geflügelfond
1 dl Weißwein
1 Orange (Saft)

etwas Olivenöl
Salz und Pfeffer aus der Mühle

In einem tiefen Teller/Schüssel wird das Mehl, Salz u. Pfeffer (nach Geschmack) vermischt. Die Kaninchenteile im gewürzten Mehl wälzen, danach in eine Pfanne mit heißem Olivenöl legen und von beiden Seiten kurz anbraten und wieder herausnehmen. In den Bratensud die kleingeschnittenen Schalotten anbraten, den Zucker dazu geben und alles gut verrühren, nun den Weißwein und Orangensaft dazu gießen und alles bis zur Hälfte einköcheln lassen, danach den Fond dazu schütten,

ebenso gepressten Knoblauch und die Lavendelblüten in die Soße geben, dabei weiter köcheln lassen. Anschließend das Kaninchenfleisch wieder in
die Pfanne legen und bei kleiner Hitze ca. 1 Std.
abgedeckt vor sich hin köcheln lassen. Die Soße
nach eigenem Geschmack mit Salz und Pfeffer
nachwürzen. Fertig ist ein vorzügliches Gericht zu
den verschiedenen Kartoffelvariationen, aber auch
eine gute Pasta schmeckt.

Eingelegtes Fischfilet mit Lavendel und Salatsauce

Zutaten für 4 Personen
4 Fischfilets 150–180 g (z. B. Heilbutt, Seelachs,
Rotbarsch, Kabeljau)
4 Lavendelblüten oder Blätter
½ TL Rosmarin gehackt, frisch oder getrocknet
½ TL Thymian gehackt, frisch oder getrocknet
¼ TL Korianderkörner
¼ TL Fenchelsamen
¼ TL Pfefferkörner
2 Knoblauchzehen
1 Bund Lauchzwiebeln

3 Tomaten
200 g ml trocknen Weißwein
2 EL Weißweinessig
1 Prise Salz
5 EL Olivenöl kaltgepresst
2 EL Petersilie /glatt frisch gehackt
1 EL Zitronensaft
½ Zitrone/Schale

Fischfilets unter kaltem Wasser abspülen, auf Küchenpapier abtrocknen lassen.

Lauchzwiebeln abspülen und mit den grünen Teilen in Scheiben schneiden. Knoblauch schälen, ebenfalls in Scheiben schneiden und Gewürze in einem Mörser zerstoßen.

Von den Tomaten die Haut entfernen und in kleine Würfel schneiden.

Jetzt alle Gewürze in einer Pfanne ohne Fett bei mittlerer Hitze anrösten, dann 2 EL Öl dazu gießen und erhitzen. Zwiebel- und Knoblauchscheiben in die Pfanne geben und glasig dünsten, danach die Tomaten langsam unterrühren und alles 5 Minuten dünsten.

Anschließend Essig, Wein, die frischen Kräuter

und den Lavendel in der Pfanne mit unterrühren, leicht zum Kochen bringen, mit Salz würzen und abschmecken. Den abgetrockneten Fisch nebeneinander in die Sauce legen und ca. 10 Minuten langsam dünsten, dabei immer wieder mit der Sauce übergießen.

Den Fisch auf eine dekorative Schale/Platte und die Sauce darüber gießen, mit Frischhaltefolie abdecken und abkühlen lassen. Vor dem Servieren das restliche Olivenöl mit Zitronensaft-/schale und der Petersilie verrühren und die Fischportionen langsam damit beträufeln. Wer möchte kann die Teller mit kleinen Lavendelblüten **hübsch** dekorieren.

Lavendellikör

1 kl. Bündel Lavendelblüten (verblüht, aber nicht ausgetrocknet)
50 g brauner Kandiszucker
90 g braunen Zucker
1 Päckchen Vanillezucker
0,75 l Wodka

Alle Zutaten in eine 1 Literflasche oder verschließbares Glasgefäß geben, verschließen und 2 bis 4 Wochen in der Wärme stehen lassen. Wer möchte kann anschließend den Likör durch einen Filter abgießen und in eine dekorative Karaffe umfüllen. Wenn der Lavendel in der Flasche nicht stört kann seinen Likör ungefiltert trinken.

Lavendelmarmelade mit Aprikosen

1 kg reife Aprikosen
3 Zweige Lavendel
500 g Gelierzucker 2:1
Von den Lavendelzweigen die Blätter abstreifen und zerkleinern.

Die gewaschenen Aprikosen trocknen, entkernen, vierteln und mit den Lavendel in einen Topf geben. Über Nacht ziehen lassen. Anschließend mit einem Pürierstab auf die gewünschte Konsistenz zerkleinern, ca. 3 bis 5 Minuten köcheln lassen, den Gelierzucker (siehe Verpackung) unterrühren und danach heiß in saubere Gläser abfüllen und verschließen.

Gebackene Lavendel-Pfirsiche

Zutaten für 4 Personen
1 TL Lavendelblüten (frisch gehackt oder ¼ TL
getrocknet)
150–200 g geriebene Mandeln
8 kleine Pfirsiche oder 4 große (Dosenpfirsiche
eignen sich auch)
Honig (nach Bedarf)
Butter (für die Form)

Die frischen Pfirsiche halbieren und entkernen. Eine feuerfeste Form mit Butter ausstreichen, die geteilten Pfirsiche mit der Schnittfläche nach oben in die Form legen (geht auch gleich in Formen als Einzelportionen). In einer Schale/Glas den warmen Honig und die Mandeln gut verrühren und mit einem Kaffeelöffel als kleine Häufchen in die Vertiefung der Pfirsiche füllen. Zum Schluss mit den Lavendelblüten bestreuen und im vorgeheizten Backofen ca. 15 Minuten überbacken. Nach dem die Lavendelpfirsiche abgekühlt sind, können sie auch als köstliche Desserts mit Vanilleeis oder Schlagsahne serviert werden.

Ausstechplätzchen mit Lavendelblüten

360 g Mehl
190 g Butter
80 g Zucker
1 Ei
½ TL Bachpulver
5 EL frische Lavendelblüten oder getrocknet je nach Jahreszeit
eine winzige Prise Vanillezucker

Der Lavendelteig reicht für ca. 30 Plätzchen, je nach Teigstärke und Größe.

Die Butter warm stellen, dann mit dem Zucker in eine Schüssel geben, gut durchkneten. Jetzt das aufgeschlagene Ei mit unterkneten. Anschließend Mehl, Backpulver, Vanillezucker sowie die Lavendelblüten zum Teig dazugeben. Erneut durchkneten, bis der Teig sich ohne Kleben zu einer Rolle formen lässt. Anschließend die Teigrolle in Frischhaltefolie wickeln und für eine ½ Stunde in den Kühlschrank legen. Danach den Teig auf ca. 2–3 mm Dicke ausrollen, mit den Lieblingsformen ausstechen und auf das mit Backpapier ausgelegte Backblech legen. Im vorgeheizten Backofen bei 180 °C (Umluft, oder 160 °C Ober- und Unterhitze) ca. 10 Minuten backen, und anschließend abkühlen lassen.

Danach können die würzigen Lavendel Plätzchen zum Naschen angeboten werden.

Lavendelplätzchen mit Haferflocken

250 g feine Haferflocken
125 g Mehl
200 g Zucker
1 TL Backpulver
1 Ei
250 g Butter
1 EL Lavendel

Zucker, Butter (weich) und Ei werden schaumig gerührt. Mehl, Haferflocken, Lavendelblüten und Backpulver gut mischen und nach und nach langsam mit einem Löffel unter die schaumige Masse geben. Auf ein mit Backpapier ausgelegtes Kuchenblech werden mit einem Teelöffel kleine Teighäufchen nebeneinander gegeben und diese bei Umluft 170 °C ca. 12–15 Minuten gebacken.

Limonade mit Lavendel

1 Liter Wasser
1 Tasse/Glas Honig,
1 EL getrocknete Lavendelblüten
Saft von 7 Zitronen oder Orangen (oder einige Spritzer Zitronenkonzentrat)
Dekoration: Für jedes Glas einen kleinen, frischen Lavendelzweig oder eine Scheibe Zitronen/Orange

Das Wasser zum Kochen bringen und damit die Lavendelblüten übergießen. Danach den Honig dazu geben, alles kurz durchrühren und eine ½ Stunde ziehen lassen. Den Sud durch ein Sieb abgießen. Bis zum Servieren in einem Krug sehr kaltstellen und schließlich auf Trinkgläser aufteilen. Mit Lavendel oder Zitrone/Orange dekorieren.
Eiswürfel aus dem Kühlschrank halten die schmackhafte Lavendellimonade im Sommer länger kühl, zum Beispiel bei einer schönen Gartenparty.

Lavendelhonig

8 Lavendelblütenrispen oder 1 EL getrocknete
Blüten
1 Glas Blütenhonig

Der Honig und die Blüten zusammen in ein Gefäß füllen, langsam erwärmen, aber auf keinen Fall zum Kochen bringen, damit die wertvollen Inhaltsstoffe nicht zerstört werden. Danach etwas abkühlen lassen und die aromatisierte Flüssigkeit zusammen mit den Blüten wieder in das Glas zurück füllen oder in ein anderes, größeres Gefäß. Fertig ist der aromatische Lavendelhonig für den Hausgebrauch.

Lavendel-Honig-Eis mit Alkohol

250 ml süße Sahne
4 cl Gin
100 g flüssiger Honig und 2 EL Zucker
3 Eigelb
2 TL Lavendelblüten
125 ml Wasser

Die Lavendelblüten mit kochendem Wasser übergießen, abgedeckt ca. 5 Minuten ziehen lassen, durch einen Kaffeefilter/Sieb abgießen und abkühlen lassen. Danach Zucker und Eigelb in eine Schüssel geben, überm heißen Wasserbad cremig schlagen, den Honig langsam unterschlagen und langsam weiterrühren, bis die Masse etwas abgekühlt ist, um anschließend das Lavendelwasser und den Gin dazugeben und ebenfalls unterzurühren. Im nächsten Schritt die sehr steif geschlagene Sahne unterheben, um dann die gesamte Lavendelmasse in eine Metallform zu füllen und für ca. 3 Stunden im Tiefkühlfach gefrieren lassen. Jetzt das fertige Lavendel-Honig-Eis aus dem Kühlfach nehmen und das wohlschmeckende Eis mit einem großen Suppenlöffel oder Kugelausstecher portionsweise auf eine Waffel oder Teller geben und mit Lavendelblüten bestreuen.

Lavendelsirup mit Pfefferminz

5 Lavendelzweige mit Blüten
30 Pfefferminzstängel mit frischen Blättern
(ca.10 cm)
50 g Zitronensäure
2 kg Zucker
3 Liter Wasser

Wasser in einen Topf füllen, Zucker dazu geben und köcheln lassen, bis der Zucker völlig aufgelöst ist, dann die Zitronensäure dazu geben. In das heiße Sirupwasser 10 Pfefferminzstängel geben bis diese sich bräunlich verfärben, jetzt herausnehmen und das Gemisch abkühlen lassen. Anschließend werden wieder 10 Pfefferminzstängel eingelegt und über Nacht ziehen gelassen. Am nächsten Tag die Pfefferminze wieder aus dem Sirup nehmen und durch die letzten 10 Pfefferminzstängel ersetzen und weiter ruhen lassen. Nach ca. 5 Stunden die Lavendelzweige in das Sirupgemisch einlegen und nochmal ca. 5 St. ziehen lassen, danach kann der Sirup durch ein Sieb/Filter in saubere Flaschen abgefüllt, verschlossen und kühl bis zum

Verbrauch gelagert werden. Die frische Lavendel-Pfefferminz-Komposition schmeckt besonders köstlich an heißen Sommertagen z. B. mit Mineralwasser gemischt aber auch in einem Gläschen Sekt.

Lavendel-Rosmarin-Salz

5 TL gehäufte frischen Lavendelblüten
2 TL Rosmarin oder 1 TL gehäuften Thymian
1 TL geriebene Zitronenschale (reichlich)
75 g grobes Meersalz

Alle Pflanzenteile in einer Schüssel mit dem Salz gut vermischen, dann einige Stunden in die Sonne stellen damit sie richtig trocknen. Anschließend

kann das aromatische Gewürzsalz in eine Gewürz-
mühle gefüllt und verwendet werden.

Es geht auch mit getrockneten Kräutern, dann zu-
nächst vor der Verwendung in einem geschlossenen
Behälter ziehen lassen und trocken aufbewahren.

Lavendelessig/-öl

1 Handvoll frische oder getrocknete Lavendelblüten
750 ml guten Weißweinessig

Die Lavendelblüten in ein verschließbares, dunkles
Gefäß füllen, mit dem Weinessig übergießen und
ca. 2 bis 4 Wochen an einen warmen, dunklen Ort
ziehen lassen. Danach auf dunkle Flaschen gefil-
tert abfüllen, verschließen und bis zum Verbrauch
kühl lagern. Passt prima zu Salaten oder zum Würzen von hellen Fischsoßen.

**Das Rezept eignet sich ebenfalls für ein La-
vendelöl.** Anstatt Weinessig wird ein gutes ge-
schmacksneutrales Öl genommen.

Salatdressing & Dip

Zutaten für 4 Personen
½ TL getrocknete Lavendelblüten oder Lavendelblätter werden fein gehackt
3 EL kalt gepresstes Olivenöl
3 EL Weißweinessig
4 EL warmes Wasser
1 EL Dijonsenf
⅓ TL Fleur de Sel (Meersalz)
1 Prise Pfeffer

Das warme Wasser in eine Schale füllen und mit den Lavendelblüten verrühren, dann alle Zutaten mit etwas Pfeffer (nach Geschmack) unterrühren und ganz zum Schluss das Olivenöl nach und nach unterschlagen.
Schmeckt herzhaft und passt gut zu Salaten besonders mit Tomaten, Oliven, Artischocken und Schafskäse oder mit verschiedene Speisen nach persönlichem Geschmack und mit der eigenen Kreativität variieren.

Lavendelessig

Lavendelzucker mit getrocknetem Lavendel

2 EL getrocknete Lavendelblüten
250 g Staubzucker (geht auch mit kristalinem Zucker)

Für die Zubereitung benötigt man getrocknete Blüten. Frische Blüten würden durch die Restfeuchte der Blüten mit dem Zucker verklumpen. Die Lavendelblüten werden in ein sauberes, verschließbares Gefäß gefüllt, ca. zwei Wochen stehen lassen, täglich einmal durchgeschüttelt und

Lavendelzucker

anschließend alles zusammen fein vermahlen. Wer seine Blüten nicht direkt im Zucker mag, sondern nur das Lavendelaroma, der gibt die Blüten in ein Gewürzsäckchen oder eine Serviette, bindet diese zu und überfüllt sie mit dem Zucker, später wird das Lavendelsäckchen wieder entfernt. Am besten den Zucker kühl und trocken lagern. Durch das ätherische Öl kann der Lavendelzucker immer wieder leicht verklumpen, dann einfach das Glas kräftig durchrütteln. Ist das Lavendelaroma zu stark kann man nach eigenem Geschmack noch mehr Zucker dazu mischen.

Der Zucker schmeckt super in Obstsalaten, zu Eisvariationen, in Tee und zu allem was man gerne süßen möchte.

Lavendeltee vom Echten Lavendel, Rezept 1

Hierfür nimmt man einen TL getrocknete oder zwei TL frische Lavendelblüten, übergießt die mit heißem Wasser (80 °C), lässt den Tee 3 bis 4 Minuten abgedeckt ziehen und hat danach einen Helfer, der für Entspannung sorgt, das Einschlafen unterstützt und die Psyche besänftigt.

Lavendeltee vom Echten Lavendel, Rezept 2

2 TL getrocknete Lavendelblüten mit 150 ml siedendem Wasser übergießen, abgedeckt 10 Min. ziehen lassen, dann abseihen und bei innerer Unruhe und Stress 3 mal täglich 1 Tasse trinken oder bei Schlafstörungen 1 Tasse abends.

Lavendeltee

Lavendeltee vom Wolligen Lavendel

eine Handvoll frische oder 1 EL getrocknete Lavendelblüten, mit 1 l heißem Wasser (80 °C) überbrühen, 10 Min. ziehen lassen und nach Bedarf 1 bis 3 Tassen täglich trinken.

Lavendelaufguss
für äußerliche Anwendung

Eine Handvoll oder 1 EL frische oder getrocknete Blüten mit 1 l heißen Wasser überbrühen, 10 Min. ziehen lassen, danach abseihen und auf Körpertemperatur abkühlen lassen. Dann kann der Aufguss zum Einreiben oder für Kompressen mit anderen Pflanzen verwendet werden.
Auch Vaginalspülungen können mit so einem Aufguss angewendet werden, dann die Menge halbieren. (Wolllavendel)

Alle in diesem Buch vorgestellten Lavendelsorten, Kräuter, Heilmittel sollten anhand der eigenen Erfahrung überprüft und immer mit medizinischen Fachleuten abgestimmt werden. Dabei sind ebenso die eigenen Medikamente, vorhandenen Krankheiten, Allergien und Ernährung mit einzubeziehen. Autorin und Verleger übernehmen keinerlei Haftung.

Quellen

- Hertwig, Hugo: Gesund durch Heilpflanzen, Deutsche Buchgemeinschaft,1938
- Simonet-Avril, Anne: Der Duft des Südens, Hädecke Verlag, 2008
- Spiegel, Peter: Altes und neues Heilkräuterwissen, BLV Buchverlag, 2006
- Mayer, Joachim: Das große Gartenlexikon, Eugen Ulmer, 2009
- Künkele, Ute; Lohmeyer, Til R.: Heilpflanzen & Kräuter, Parragon, Köln 2007
- Bendel, Lothar: Das große Lexikon der Kräuter, Gewürze, Früchte und Gemüse, Anaconda Verlag, Köln 2010
- Liebmann, Elvira: Das Thüringer Kräuterland, Burghügel Verlag, 2011
- Breckwoldt, Michael; Luckner, Ferdinand: Lavendel (Duft und Sinnlichkeit im Garten), BLV Buchverlag, 2012
- Lavendel.net (Verein zur Förderung ganzheitlicher Gesundheit in der Schweiz)

Die Rhino-Westentaschen-Bibliothek

Obere Reihe:

- 025 Thüringer Bergen
- 025 J. S. Bach – Stationen seines Lebens und Wirkens
- 026 Thüringer Kuchen & Plätzchen
- 027 Kleine Kräuterbuch
- 028 Buddhistische Weisheiten
- 029 Großvaters Gartentipps
- 030 Weimar von A bis Z
- 031 Kleines Berliner Maurbuch
- 032 Rügen von A bis Z
- 033 Das kleine Ostseemöwe-Buch
- 034 Sojourns and Sayings of Martin Luther
- 035 igs. uspqvek. BUGA – Binnenstadt Erfurt
- 036 Heil- und Kräuterschnäpse
- 037 Kleine Thüringer Bierbuch
- 038 I.I Fröbel – Stationen seines Lebens und Wirkens
- 039 Großvaters Handwerktipps
- 040 Weisheiten für den Gartenfreund
- 041 Kleines Ringelbar-Buch

Untere Reihe:

- 065 Der Brocken – Mythos und Wirklichkeit
- 066 Das kleine Buch der Thüringer Trachten
- 067 Kleine Trichterbuch
- 068 Der Molli
- 069 Kleine Geschichte Rostocks
- 070 Beethoven – Persönlichkeit, Schaffen, Mythus
- 071 Kleine Geschichte der Hanse
- 072 Kleine Geschichte der Stadt Dresden
- 073 Die Kräuterküche
- 074 Kürzenwind kasst Winterkind
- 075 August der Starke
- 076 Kleine Thüringer Weinbuch
- 077 Marzipan & Nougat
- 078 Kleine Steinbuch
- 079 Die kleine Fehmarn-Buch
- 080 Kluge Köpfe rollen am schnellsten
- 081 Thüringer Tapas
- 082 Kleine Geschichte der Stadt Leipzig
- 083 Kleines Thüringer Porzellanbuch

Tanya Harding — BROT-AUFSTRICHE

Elvira Grudzielski — Das kleine Lavendelbuch

Stefan Raßloff — Barbarossa · Kaiser und Sagengestalt

RHINOVERLAG

RHINOVERLAG

Rhino Westentaschen-Bibliothek

Format: 8 cm x 11,5 cm • 96 Seiten

5,95 €

Elvira Grudzielski

Gesundheit aus der Tasse
978-3-95560-006-8

Heil- und Kräuterschnäpse
978-3-95560-036-5

Das kleine Waldbeerenbuch
978-3-95560-042-6